Quiero ser policía

Otros títulos en esta serie:

Quiero ser bibliotecario

Quiero ser bombero

Quiero ser camionero

Quiero ser constructor

Quiero ser doctor

Quiero ser guárdian de Zoológico

Quiero ser enfermero

Quiero ser maestro

Quiero ser mecánico

Quiero ser músico

Quiero ser piloto

Quiero ser vaquero

Quiero ser veterinario

QUIERO SER

Policía

DAN LIEBMAN

FIREFLY BOOKS

A FIREFLY BOOK

Publicado por Firefly Books Ltd. 2000

Copyright © 2000 Firefly Books Ltd.

Fourth Printing, 2007

National Library of Canada Cataloguing in Publication Data

Liebman, Daniel
    I want to be a police officer

ISBN-13: 978-155209-475-4 (pbk.)
ISBN-10: 1-55209-475-8 (pbk.)

1. Police – Juvenile literature.   I. Title

HV7922.L53 2000   j363.2'2   C99-932463-2

Published in Canada in 2000 by
Firefly Books Ltd.
66 Leek Crescent
Richmond Hill, Ontario L4B 1H1

U.S. Cataloging-in-Publication Data

Liebman, Daniel
    I want to be a police officer / Daniel Liebman.–1st ed. [24]
p. : col. ill. ; cm. –(I want to be)
Summary : Photographs of police at work with short descriptive captions.
ISBN-13: 978-155209-475-4 (pbk.)
ISBN-10: 1-55209-475-8 (pbk.)

1. Police – Vocational guidance. 2. Occupations. I. Title. II. Series.
363.2/023 –dc21   2000   CIP

Published in the United States in 2000 by
Firefly Books (U.S.) Inc.
P.O. Box 1338, Ellicott Station
Buffalo, New York, USA 14205

Photo Credits

© Benn Mitchell, front cover
© Ronnie Kaufman/CORBIS, page 5
© Robert Maass/CORBIS, pages 6-7
© Neil Beer/CORBIS, page 8
© France Soir/Pascal Lesire/CORBIS SYGMA, page 9
© Sevin, Whitney & Irma/maXximages.com, page 10
© Karl Weatherly/CORBIS, page 11

© James Leynse/CORBIS, page 12, back cover
© David Butow/CORBIS SABA, page 13, 22
© Paul Hardy/CORBIS, pages 14-15
© Lynda Richardson/CORBIS, page 16
© James Marshall/CORBIS, page 17
© David H. Wells/CORBIS, pages 18-19
© Tom Nebbia/CORBIS, pages 20, 21
© Ed Bock/CORBIS, page 23
© Rick Barrentine/CORBIS, page 24

Diseño de Interrobang Graphic Design Inc.
Impreso y encuadernado en China

El editor agradece el apoyo financiero del Gobierno de Canadá, a través del Programa de ayuda al desarrollo de la industria editorial, para sus actividades editoriales.

Los policías disfrutan ayudando a la gente. Ellos se aseguran de que se obedezcan las leyes.

Los policías hacen mejor su trabajo cuando hacen amigos en el vecindario.

Como muchos policías trabajan afuera, deben usar chaquetas gruesas en los días fríos de invierno.

Los oficiales llevan su equipo con ellos, algunas veces puesto en sus cinturones. Ellos siempre pueden pedir ayuda.

Las motocicletas pueden ir a muchos lugares donde no puede ir un automóvil. Estas permiten que los oficiales se muevan rápidamente en las calles congestionadas.

Las bicicletas también son útiles, especialmente en ciudades llenas de gente durante el verano.

Algunos policías con suerte hasta pueden montar caballos. Este agente patrulla una calle de la ciudad.

La policía inspecciona automóviles y camiones para asegurarse que estén en buenas condiciones de manejo.

¡La ayuda está en camino! Las sirenas y las luces advierten a todos que este patrullero va deprisa.

Los guardabosques son agentes que patrullan bosques y grandes parques.

Las ciudades al lado del mar, ríos y grandes lagos necesitan a menudo policía de puerto para patrullar las zonas de agua.

Desde arriba, un policía puede mirar abajo, sobre grandes áreas de la ciudad.

Los perros policía puede hacer cosas que los humanos no pueden. Su sensible olfato puede hallar explosivos, niños perdidos o criminales escondidos.

Los perros y sus compañeros trabajan duro. Pero los buenos amigos forman un gran equipo.

Una parte importante del trabajo es llevar un registro de los accidentes y delitos.

Los científicos de la policía examinan pistas para resolver delitos. Esta huella digital podría decirles quién robó un banco.

Para ser un policía necesitas muchas habilidades. Tienes que pensar rápido, tener buen discernimiento y saber cómo usar el equipo más avanzado.